Du même auteur, à l'école des loisirs

Dans la collection Mouche

Le chien qui savait lire
Mystère à Papendroch
La pie Magda, belle brigande…

Loi numéro 49.956 du 16 juillet 1949 sur les publications destinées à la jeunesse : mars 1978
Dépôt légal : avril 2000
Imprimé en France par Aubin Imprimeur à Ligugé, Poitiers

Jean Joubert

Hibou blanc et Souris bleue

Images par Michel Gay

Mouche
l'école des loisirs
11, rue de Sèvres, Paris 6^{e}

C'était un vieux château de pierre blanche avec des tours d'ardoise. D'un côté, il y avait l'étang et la forêt, de l'autre la campagne avec ses fermes, ses prairies et ses meules.

Dans le grenier de ce château vivait un hibou blanc : un gros hibou avec de gros yeux ronds, un bec crochu, et deux touffes de plumes sur la tête. Pendant le jour, les hiboux ne voient pas. Leurs yeux se ferment. Ils dorment. Ils réfléchissent.

Donc ce hibou vivait dans le grenier plein de meubles, de caisses, de sta-

tues et de poussière. Et toute la journée il dormait dans une armoire où il s'était fait un lit de plume. Il dormait ou réfléchissait.

Mais lorsque la nuit tombait, ses yeux s'ouvraient tout grands : des yeux jaunes et noirs, et il partait à la chasse aux souris.

Car il aimait beaucoup les souris : il en avait déjà mangé plus de mille.

Un soir, le hibou s'éveilla, bâilla, ouvrit la porte de l'armoire, et lentement il traversa le grenier, Et les petits enfants du château avaient si peur en l'entendant marcher qu'ils se cachaient la tête sous leur édredon.
Il ouvrit une lucarne, mit le bec dehors, et il vit que c'était la nuit.
"Hibou blanc, Hibou gris,
C'est le moment, Gare aux souris !"

La campagne était silencieuse, le vent caressait la cime des arbres et une grosse lune ronde se promenait dans le ciel.

Alors le hibou monta sur le rebord de la fenêtre, étendit ses ailes et s'envola.

- Ou, ou, ou, ou - ou, ou, ou.

La maman souris dit à ses enfants qui cherchaient des graines de blé dans le champ :

- Voici que vient le vilain hibou. Vite, rentrez dans notre trou !

- Oui, maman.

- Quel malheur ! Le jour, c'est le chat qui nous guette, et, la nuit, quand le chat dort, le hibou vient nous chasser. Vite, vite, rentrez !

- Oui, maman.

Et toutes les souris se précipitèrent au fond du trou, sauf la plus jeune qui était une souris bleue et la plus maligne.

Elle regardait le hibou qui volait dans le clair de lune, et elle se disait que cela ne pouvait pas

durer, et qu'il fallait débarasser le pays de ce méchant oiseau qui mangeait toutes les souris.
Mais comment faire ?
Elle entendait le hibou :
– Ou, ou, ou, ou - ou, ou, ou, ou.
J'ai une idée, se dit-elle.
Elle monta sur une grosse pierre blanche qui était au bord du champ, et, toute bleue, elle attendit.

Tout de suite, le hibou la vit.
- Ah, ah, ah, une souris. On dirait même qu'elle est bleue. Grise ou bleue, je vais la manger.
Et vite, il plonge, le bec en avant, mais juste au moment où il va attraper la souris, elle fait un bond de

côté, et, boum! le hibou se cogne la tête contre la pierre.

- Aïe, aïe, aïe, fait le hibou, qui a une bosse au front.

- Hi, hi, hi, fait la souris.

- Coquine de souris, où es-tu? Je vais te manger.

- Hi, hi, hi, fait la souris.

Elle est maintenant un peu plus loin sous un arbre, et le regarde de ses petits yeux.

– Ah coquine, c'est assez. Viens ici que je te mange !

- Viens me prendre, dit la souris.
Le hibou se précipite, mais il n'avait pas vu une branche, qui lui tord le bec.
- Ouïe, ouïe, ouïe, fait le hibou.
- Hi, hi, hi, fait la souris.

La voilà encore plus loin, et le hibou la poursuit. Cette fois, il va l'attraper, juste au bord d'une mare, mais elle disparait dans un trou, et le hibou tombe dans l'eau, au beau milieu des grenouilles.

Plouf! Il a de l'eau jusqu'aux yeux.
- Hi, hi, hi, fait la souris.

Le hibou est furieux, et de plus il a très faim. La souris se sauve vite, vite, et le hibou court derrière, vite, vite, à travers une prairie, sous une

haie, entre les buissons, vite, toujours plus vite. Et quand il ne la voit plus, il entend : “Hi, hi, hi” quelque part devant lui, et ils repartent de plus belle dans la nuit.

Ils ont couru comme ça toute la nuit. Ils sont maintenant très loin du château, et voici que le jour se lève. Les collines deviennent roses. Un soleil rouge monte dans le ciel.
Le hibou ne voit plus clair. Ses yeux se ferment. Il est perdu. Il ne pourra pas retrouver le chemin de son grenier.

Il entend au loin le rire de la souris :
"Hibou blanc,
Hibou gris,
Gros méchant,
Te voilà pris !
Hi, hi, hi, hi !"

Alors il s'envole lourdement et va se percher sur un arbre, au milieu d'un champ, pour se cacher dans les feuilles et attendre la nuit prochaine.

Mais c'est un arbre mort : il n'a plus de feuilles. On voit le hibou blanc de très loin dans la plaine.

Un marchand passe sur la route avec sa charrette et son cheval. Il aperçoit le hibou.

– Un hibou, se dit-il, quelle aubaine ! Je vais l'attraper et le vendre.

Il prend un sac et un bâton, s'ap-

proche de l'arbre et fait tomber le hibou dans le sac. Plouf.
Voilà le hibou prisonnier.

Le marchand s'en va vers la ville. Hue, hue!
Il y a un cirque sur la place.

– J'ai un beau hibou à vendre. Pour dix francs il est à vous, dit-il au directeur du cirque.
– Voyons un peu, dit le directeur.
Et le marchand entrouvre le sac. Le hibou a mal aux yeux. Il bat faiblement des ailes. Il ne comprend pas du tout ce qui lui arrive. Il a peur.
– Je t'en donne six francs, dit le directeur.

- Six francs? dit le marchand. Six francs pour un hibou blanc! Vous m'en donnerez bien huit.
- Six francs, c'est six francs.
- Et un hibou blanc, c'est un hibou blanc.
- Allons, je t'en donne sept, dit le directeur.
- D'accord, dit le marchand.

Et le directeur met le hibou dans la ménagerie, dans une petite cage en fer doré, et il crie :

– Entrez, entrez, les enfants : c'est dix sous pour voir le hibou blanc. Les enfants entrent pour voir le hibou, qui ne comprend vraiment pas ce qui lui arrive. Ils parlent, ils rient, ils lui font des grimaces et des pieds de nez.

- Tu as vu le hibou blanc?

- Comme il est laid.

- Comme il est grand.

Mais le hibou pense à son grenier, et il est très triste.

La petite souris est rentrée chez elle. Elle a tout raconté à sa mère et à ses sœurs. Et ce matin-là, c'est la fête chez les souris qui

chantent et dansent dans leur maison, car elles savent maintenant que le méchant hibou ne viendra plus les manger.

Le cirque allait de village en village : trois roulottes vertes tirées par des chevaux, et derrière venaient le chameau, l'éléphant et la girafe.

Et dans la première roulotte, dans sa cage de fer dorée, il y avait le hibou. Il était triste, le hibou. Il aurait voulu se sauver, mais la cage était bien fermée.

DIRECTION

Il pensait à son grenier, à son lit de plume dans l'armoire, à la petite fenêtre qu'il ouvrait le soir.
Il pensait aussi à la lune ronde dans la nuit.

Et il se disait :
– Vilaine souris, méchante souris, tu m'as joué un mauvais tour. Maintenant je suis dans une cage, et comme je m'ennuie !

Alors il fermait les yeux et s'endormait.
Le soir, on montait la tente du cirque sur la place d'un village.

On jouait de la musique et les enfants venaient à la ménagerie voir le hibou blanc et triste.

Pendant ce temps, la souris bleue se promenait dans les champs, la nuit. Mais c'était bizarre, elle se sentait triste, la petite souris.

Plus de hibou dans le ciel pour faire : “ou, ou, ou, ou.” Elle s’ennuyait, elle aussi.

Un soir, elle s'ennuyait tellement qu'elle partit toute seule à travers la campagne. Elle arriva dans un village, et, sur la place, il y avait un cirque.

– Un cirque, comme c'est amusant! Je vais aller voir la ménagerie. Et, frrrt, elle se glissa dans la roulotte. Il y avait des cages partout : dans la première une tortue, dans la deuxième un renard, dans la troisième un singe, dans la quatrième... un hibou. Un hibou blanc.

- Mon hibou!
- Ou, ou, ou, ou, dit tristement le hibou.
Et il avait l'air si malheureux que la souris bleue se mit à pleurer.
- Comme il est maigre, et presque gris. Ah, c'est ma faute!
- Veux-tu m'aider? dit le hibou.
- Oui, oui. Qu'est-ce que je peux faire pour toi?
- Ouvre la porte de ma cage.
- Impossible, elle est fermée à clef.
- Alors, ronge les barreaux.
- Impossible, ils sont en fer.
- Alors, que faire?
- Que faire?

- Ecoute, dit le hibou, je m'ennuie de mon grenier. Tu vas aller dans mon grenier, au château, tu regarderas bien partout, et tu me raconteras.
- Je pars tout de suite. Je reviendrai quand le soleil se lèvera.
- Quand le soleil se lèvera?
Va vite. Je t'attendrai.
Fais attention au chat.

Et la souris bleue s'en alla vite, vite, vite, sur la route, entre les arbres, sous les buissons, à tra-

vers les forêts et les prairies, vite, vite, vite vers le château dont elle voyait le toit d'ardoise briller au clair de lune.

Elle monta dans le grenier. Elle trotta sur le plancher. Elle regarda partout : le lit de plume dans l'armoire, les statues, les caisses, les livres, la poussière, la petite fenêtre fermée, et, à travers la vitre, une grosse lune, ronde comme un œil de hibou.

Quand elle retourna au cirque, le jour se levait. Il y avait de gros nuages noirs dans le ciel et des éclairs. Et la souris bleue courait vite, vite, vite, pour arriver juste avant la pluie.

Elle arriva dans la roulotte.
- C'est toi? dit le hibou.
- C'est moi, dit la souris.
- Qu'as-tu vu dans le grenier?
- J'ai tout vu.
- Raconte-moi.
- J'ai vu des statues.
- Et encore?
- J'ai vu de vieux livres.
- Approche-toi, je suis un peu sourd. Et encore?

La souris bleue entra dans la cage.
- J'ai vu des caisses, des meubles, de la poussière, une armoire avec un petit lit de plume.

– C'est cela, dit le hibou. Mais viens donc plus près. Je t'entends très mal avec cet orage. Monte sur mon épaule, tout contre mon oreille.
Et la souris monta sur son épaule.
– J'ai vu une petite fenêtre, dit la souris, et la lune ronde comme un œil, comme un œil de... de hibou.
Alors le hibou tourna la tête, ouvrit tout grand son bec...

- Voilà la pluie, dit-il. Merci, souris bleue. Je n'oublierai jamais ce que tu as fait pour moi. Ecoute bien : je vais te faire une promesse. Tu sais combien j'aime manger les souris...

La souris bleue l'avait oublié. Aussitôt elle a peur et se met à trembler.

- Tu trembles. Tu as froid? dit le hibou.

- Oui... c'est cela, dit la souris.

- Glisse-toi dans mes plumes.

Elle se glissa dans les plumes. C'était doux et chaud, mais elle tremblait encore.

- Je vais donc te faire une promesse, dit le hibou : je ne mangerai plus jamais de souris.

Et la souris fut très heureuse de l'entendre.
- Eh bien, moi, je resterai toujours avec toi. La nuit je dormirai sur ton épaule, et, le jour, j'irai me promener dans le cirque et dans le village, et je te raconterai tout ce que je verrai.
- Comme tu es gentille, souris bleue, dit le hibou.

Les jours passèrent. La souris racontait au hibou qu'elle avait vu l'éléphant se gratter le dos, la girafe manger une pomme, le chameau se rouler dans la poussière, les enfants jouer à la marelle, le directeur cracher en l'air. Et le hibou était content de savoir tout cela.

Mais il disait souvent :
- C'est plus fort que moi : je pense toujours à mon grenier.
- Oui, mais que faire?
- Que faire?

Un soir pourtant, la souris vit que le directeur avait oublié de fermer à clef la porte de la cage. Elle grimpa sur le verrou. Elle appuya de toutes ses forces.
La porte s'ouvrit.
– Hibou, hibou, cria-t-elle. La porte est ouverte.
– Ouverte?
– Oui... mais tu vas partir, et moi je resterai toute seule!
– Viens avec moi, monte sur mon dos, accroche-toi à mes plumes.

La souris bleue s'aggripait aux plumes de toutes ses forces. Le hibou sortit de la cage, traversa la roulotte, descendit sur la place.

L'air était doux, la nuit claire. Pas un bruit dans le village.
Alors le hibou ouvrit ses ailes toutes grandes, et, emportant son amie la souris bleue, s'envola vers la lune et les étoiles.